Inhalt

e-Auktionen auf dem Vormarsch

Kernthesen

Beitrag

Fallbeispiele

Weiterführende Literatur

Impressum

e-Auktionen auf dem Vormarsch

I. Zeilhofer-Ficker

Kernthesen

- Der elektronische Handel zwischen Unternehmen verzeichnet gegenläufig zur aktuellen Wirtschaftssituation große Wachstumsraten.
- Online-Auktionen gewinnen im Beschaffungswesen an Bedeutung; vor allem im Konsumgüterbereich.
- Neben teilweise überraschenden Preisreduzierungen spricht vor allem die Zeitersparnis für die elektronische Auktion.
- Für eine erfolgreiche Auktion ist die umfassende Vorbereitung der Erstauktion bis ins kleinste Detail bedeutend.
- Der Mangel an qualifizierten Einkäufern ist

häufig ein Engpass für den Erfolg elektronischer Einkaufsmedien.

Beitrag

Trotz der anhaltenden Wirtschaftskrise boomt der elektronische Handel zwischen den Unternehmen weltweit. Die UN-Organisation für Handel und Entwicklung (Unctad) schätzt, dass in zwei bis vier Jahren etwa 19 % aller Verkäufe zwischen Unternehmen in Westeuropa über das Internet abgewickelt werden. (1)

Online-Auktionen werden vor allem bei einkaufenden Firmen immer beliebter; betroffene Lieferanten sehen die Auktionen teilweise mit großer Skepsis. Unvollständig vorbereitete und unprofessionell durchgeführte Auktionen haben bei vielen Lieferanten zum Vertrauensverlust geführt. (2) Einkaufsorganisationen sehen die elektronischen Auktionen als Tool zur Einstandspreisreduktion, auch wenn kaum mehr als 10 % des Beschaffungsvolumens als auktionierbar angesehen werden kann. (3)

Voraussetzungen erfolgreicher

Auktionen

Welche Produkte auktionieren

Voraussetzung für die erfolgreiche Durchführung von Auktionen im Internet ist die sorgfältige Vorbereitung bis ins Detail. Die erste Frage, die sich der Einkäufer stellen muss, ist ob die Ware, die er beschaffen soll, überhaupt auktionierbar ist. Je spezifischer ein Produkt ist, desto weniger scheint es für eine Auktion geeignet zu sein. Allerdings wurden im Automobilbereich sogar schon Fertigungsanlagen auktioniert, was aber äußerst umfangreiche Vorarbeiten erforderlich machte. (12) Egal ob Standard- oder Spezialprodukt, es muss jeder infrage kommende potenzielle Lieferant qualifiziert und seine Qualität und Zuverlässigkeit überprüft werden. Die Stammdaten für das Produkt müssen komplett verfügbar sein. (3), (4)

Eine Auktion macht nur Sinn, wenn man davon ausgehen kann, dass eine Preisreduzierung gegenüber dem klassischen Verhandlungsweg erzielt oder eine signifikante Zeitersparnis erreicht werden kann. Erfahrene Einkäufer erzielen oft in ihrem bekannten Einkaufsfeld über Auktionen kaum noch Einsparungen. Demgegenüber ist die Auktion ein wertvolles Instrument für Einkäufer, die mit einem neuen Einkaufsbereich betraut wurden, da durch die Auktion sowohl Marktpreise festgestellt als auch umfangreiche Lieferanteninformationen gewonnen werden können. (3)

Regeln festlegen

Vor der Durchführung der Auktion muss sichergestellt werden, dass die Auktionsregeln, Entscheidungsparameter, Kommunikationsformen etc. allen Mitbietern bekannt sind. Es muss allen Lieferanten klar sein, wie lange die Auktion dauern wird, ob Verlängerungen ermöglicht werden und ob der Preis das einzige Entscheidungskriterium ist. Nur wenn alle Beteiligten über die Details informiert sind und keine Tricks anwenden, werden die Lieferanten ihr Misstrauen gegen die Beschaffungsart Auktion abbauen. (3), (5)

Die Notwendigkeit, den Auktionsablauf zu standardisieren, wurde von den Marktteilnehmern erkannt. Jeder Lieferant erhält zum Beispiel von DaimlerChrysler einen standardisierten Auktions-Leitfaden, die Einkäufer arbeiten dort nach einem 60-seitigen Kompendium, in dem alle wesentlichen Auktions-Schritte enthalten sind. (3) Für die Konsumgüterbranche arbeitet die Arbeitsgruppe ECR an einem Leitfaden "Internetbasierte Ausschreibungen und Auktionen", der demnächst erhältlich sein wird. (4)

Auktionserfahrene Unternehmen rechnen mit durchschnittlich drei Arbeitstagen Vorbereitungszeit für Erstauktionen, bei Wiederholungen verringert sich dieser Aufwand auf fast Null. (4) Sicher dürfte aber sein, dass die Auktionserfahrung erst erarbeitet werden muss. Mit deutlich mehr Arbeitsaufwand ist zu rechnen, wenn ein Unternehmen erstmals eine Online-Auktion durchführen oder Spezialprodukte oder -anlagen auktionieren will.

Das Potenzial

Die Auswertung der "Business Excellence Studie E-Procurement (BEST)" hat ergeben, dass selbst in "Best-Practice-Unternehmen" kaum mehr als 10, maximal 20-30 Prozent des Einkaufsvolumens auktionierbar sind. (3) Eine Befragung von 67 Unternehmen der Konsumgüterindustrie ergab sogar, dass dort nur ca. 1 % des Volumens über Auktionen beschafft wurde. Dieser 1-Prozent-Wert entspricht auch dem Ergebnis in den restlichen Branchen in Deutschland. Immerhin gaben 30 Prozent der Unternehmen an, bereits über Internet-Auktionen

Aufträge vergeben zu haben. (4), (7)

Trotzdem sind die zu erzielenden Einsparungen beträchtlich. Schließlich kann mit Preisreduzierungen von durchschnittlich 2 bis 10 %, manchmal auch mehr, bei erstmaligem Einkauf über Auktion gerechnet werden. (6) Eine Untersuchung von Putz & Partner hat gar ergeben, dass in Deutschland insgesamt rund 22 Mrd. Euro eingespart werden könnten, wenn alle Unternehmen die Vorteile von Online-Ausschreibungen und Auktionen konsequent nutzen würden. (7)

Einen wesentlichen Vorteil von eAuktionen sehen die Unternehmen in der beträchtlichen Verkürzung von Prozesslaufzeiten und in der Reduzierung des Zeitbedarfs für die Preisfindung. (11)

Qualifiziertes Personal fehlt

Eines der Hauptprobleme, warum die Potenziale des eProcurement im Allgemeinen und der eAuktionen im Besonderen nicht häufiger genutzt werden, ist der Mangel von qualifiziertem Einkaufs-Personal. Es ist derzeit kaum möglich, auf dem Arbeitsmarkt eBusiness-fähige Einkäufer zu finden. Auch die Weiterbildung von eigenen Mitarbeitern gestaltet sich sehr schwierig, da nicht nur die technischen Aspekte geschult werden müssen, sondern auch die notwendigen Veränderungen in der Kommunikation und Zusammenarbeit mit den Lieferanten. Noch allzu oft herrscht eine große Skepsis der Mitarbeiter gegen die neuen elektronischen Tools vor und es fällt ihnen schwer, von alten Arbeitsweisen Abschied zu nehmen. (2), (8)

Technische Probleme

Lieferanten leiden häufig darunter, dass die technischen Möglichkeiten noch nicht optimiert sind. Viel zu wenige Unternehmen nutzen Standards wie BMEcat oder E-Class. Das macht die Belieferung von Kunden aus unterschiedlichen Branchen sehr teuer. (2), (3) Auch die automatisierte Übernahme von Daten aus Auktionen in die firmeninterne Auftragsbearbeitung oder das ERP-System ist meist noch nicht verwirklicht. (4) Einige deutsche Großunternehmen haben sich deshalb zum "European Content Club (ECC)" zusammengeschlossen, um die Verwendung der gebräuchlichsten Standards bei allen Lieferanten durchzusetzen. Bestrebungen sind außerdem im Gange, den europäischen Klassifizierungsstandard E-Class mit dem US-Standard UN SPSC zusammenzuführen. (8)

Fallbeispiele

Die Nordsee AG hat bei vier Online-Auktionen für Kartoffelprodukte die Einkaufspreise um durchschnittlich 32 Prozent im Vergleich zum Vorjahr senken können. An den Auktionen hatten sich neun Anbieter beteiligt, die längste Auktion dauerte 2 Stunden 20 Minuten. Auch die notwendigen Energie-Lieferungen wurden von der Nordsee AG auktioniert; eine Preissenkung von 16 % damit erzielt. (5)

Der Nestlé-Konzern hat in Europa bereits 220 B2B-Auktionen mit einem Einkaufsvolumen von 900 Mio. Euro durchgeführt. Sie erzielten dabei Preisreduzierungen bei Erstauktionen von 2 bis 10 Prozent. (6)

KarstadtQuelle hat seit Anfang 2002 rund 1.100 Auktionen für Textilien abgewickelt. Der Umsatz bei diesen Auktionen betrug 140 Mio. Euro. Dabei wurden durchschnittlich 8 Prozent niedrigere Preise erreicht, als bei Vergleichseinkäufen mit konventionellen Mitteln. Mittelfristig will der

Konzern ein Drittel des Einkaufsvolumens im Textilbereich über elektronische Marktplätze beschaffen. (11)

Der VW-Konzern nutzt Auktionen auch für die Beschaffung von Fertigungsanlagen. So wurde kürzlich ein Auftrag für die Rohbauanlage des Audi A6 über eine Online-Auktion vergeben. (12)

Steigender Beliebtheit erfreut sich auch die Vergabe von Frachten über Auktionen. Kali & Salz vergibt seit 2001 Binnenschiff-Kontrakte über Online-Auktionen. Thyssen-Krupp Stahl vergab seit 2001 Frachtaufträge im Wert von 4,2 Mio. Euro über das Internet. TKS bekommt für die ins Internet gestellten Ladungen durchschnittlich vier Angebote. Die erzielten Frachtpreise lagen dabei meist unter den Vertragspreisen.

Die Firma Gebr. Knauf Westdeutsche Gipswerke dagegen nutzt die Frachten-Auktion nur als Transaktionsplattform - die Preise werden vorab verhandelt und festgeschrieben, die Auktion dient nur noch für die Frachtenvergabe an sich. Der große Vorteil liegt in der Zeitersparnis - bis zu 18 Arbeitstage lassen sich dadurch einsparen.

Weiterführende Literatur

(1) Internet-Handel boomt in der Krise, Süddeutsche Zeitung, 19.11.2002, Ausgabe Deutschland, S. 17
aus ENTSORGA MAGAZIN Nr. 09 vom 10.09.2002 Seite 034

(2) Lebhafte Diskussion auf dem 37. BME-Symposium: "Unlautere Auktionen haben viel Vertrauen zerstört", Computerwoche, 15.11.2002, Nr. 46, S. 35
aus ENTSORGA MAGAZIN Nr. 09 vom 10.09.2002 Seite 034

(3) Zachau, Thomas Dr., Business Excellence im Einkauf - E-Procurement Phoenix aus der Asche?, BA Beschaffung aktuell, Heft 10, 2002, S. 38
aus ENTSORGA MAGAZIN Nr. 09 vom 10.09.2002 Seite 034

(4) Internet-Auktionen gewinnen an Bedeutung
aus Lebensmittel Zeitung 42 vom 18.10.2002 Seite 030

(5) Nordsee AG: Zuschlag für billigere Kartoffeln
aus Lebensmittel Zeitung 41 vom 11.10.2002 Seite 033

(6) Nestlé kauft online
aus Lebensmittel Zeitung 43 vom 25.10.2002 Seite 026

(7) Knauer, Jens-Peter, Drei Online-Marktplätze im Test - Deutsche Unternehmen verschenken Milliarden, Industrieanzeiger, Heft 41, 2002, S. 58
aus Lebensmittel Zeitung 43 vom 25.10.2002 Seite 026

(8) Gammel, Robert, Interview mit Ulrich Fricke, Vorstandsvorsitzender des Bundesverbands

Materialwirtschaft, Einkauf und Logistik e. V. (BME) - Sprachverwirrung kostet Zeit und Geld, Computerwoche, 22.11.2002, Nr. 47, S. 36
aus Lebensmittel Zeitung 43 vom 25.10.2002 Seite 026

(9) Boeing, Nils, Der Cyber-Space als Wirtschaftsraum, Süddeutsche Zeitung, 20.11.2002, Ausgabe Deutschland, S. V2/9
aus Lebensmittel Zeitung 43 vom 25.10.2002 Seite 026

(10) EAI als Übersetzer
aus CYbiz Nr. 11 vom 30.10.2002 Seite 042

(11) KarstadtQuelle stärkt Einkauf im Netz
aus TextilWirtschaft 40 vom 03.10.2002 Seite 059

(12) VA Tech holt Auftrag bei Online-Auktion Elin EBG rüstet Anlagen für Audi aus
aus WirtschaftsBlatt, 21.11.2002, Nr. 1753, S. A18

Impressum

e-Auktionen auf dem Vormarsch

Bibliografische Information der deutschen Nationalbibliothek

Die Deutsche Nationalbibliothek verzeichnet diese Publikation in der deutschen Nationalbibliografie; detaillierte bibliografische Daten sind im Internet über http://dnb.d-nb.de abrufbar.

ISBN: 978-3-7379-0846-7

© 2015 GBI-Genios Deutsche Wirtschaftsdatenbank GmbH, Freischützstraße 96, 81927 München, www.genios.de

Alle Rechte vorbehalten. Dieses Werk ist einschließlich aller seiner Teile – z.B. Texte, Tabellen und Grafiken - urheberrechtlich geschützt. Jede Verwertung außerhalb der Grenzen des Urheberrechtsgesetzes bedarf der vorherigen Zustimmung des Verlags. Dies gilt insbesondere auch für auszugsweise Nachdrucke, fotomechanische Vervielfältigungen (Fotokopie/Mikroskopie), Übersetzungen, Auswertungen durch Datenbanken oder ähnliche Einrichtungen und die Einspeicherung und Verarbeitung in elektronischen Systemen.